Edizioni Usborne
# Racconti per sognare

# Edizioni Usborne
# Racconti per sognare

Rosie Dickins

Illustrazioni di Raffaella Ligi

A cura di Jenny Tyler e Lesley Sims

Progetto grafico di Nicola Butler,
Laura Fearn e Jessica Johnson

Per l'edizione italiana:
Traduzione di Francesca Albini
A cura di Loredana Riu e Helen Thawley

# Sommario

La fata della buonanotte — 7

Gli elfi e il calzolaio — 11

La saggia Caterina — 14

Pollicino — 16

Il pescatore e il genio — 20

La stella dei desideri — 22

Il garzone del mugnaio e la sirena — 26

Il Signore dei Sogni — 28

La luna e le fate — 33

Il drago di ghiaccio — 36

Lo schiaccianoci magico — 42

L'oro delle fate — 46

I sette soli — 48

L'inverno e la primavera — 52

Rip Van Winkle — 58

| | |
|---|---|
| Il giorno infinito | 62 |
| L'acchiappasogni | 66 |
| Eracle e le mele d'oro | 68 |
| I tre desideri | 74 |
| I dodici mesi | 76 |
| L'albero delle pere magiche | 79 |
| La zuppa di sasso | 82 |
| Il volto della luna | 86 |
| Il sole e il vento | 88 |
| Il tappeto magico | 90 |
| Le favole del libro | 94 |

# La fata della buonanotte

Dopo che il sole era tramontato nel Regno delle fate, la fata della buonanotte, come ogni sera, rincalzò le coperte alle fatine più piccole e andò a prendere il libro delle fiabe.

"Cosa leggo alle fatine stasera?", si domandò. "Una favola vecchia o qualcosa di nuovo?"

Aprì il libro e subito la magia si sprigionò nell'aria. Draghi e sirene spuntarono dalle pagine e un genio emerse da una nuvoletta di fumo. In una storia, elfi e folletti giocavano a chiapparello al chiaro di luna. In un'altra, un orso bianco arrancava sotto una bufera di neve luccicante.

"Brrrr", rabbrividì la fata della buonanotte mentre una folata di fiocchi di neve turbinava nella stanza. Girò la pagina e fu travolta da un gruppo di topi ballerini... Poi sbadigliò.

"Tutte queste fiabe mi fanno venire un gran sonno", sospirò. "Ho bisogno di un riposino". Chiuse il libro e si appisolò.

Dopo poco dormiva profondamente.

Un refolo di vento mosse le tende e fece svolazzare le pagine del libro. Delle faccette curiose si guardarono intorno e un folletto saltò fuori dal grosso volume.

"Ssh, dorme. Andiamo in esplorazione!", sussurrò avanzando in punta di piedi. Uno per uno gli altri personaggi della storia lo seguirono in silenzio lungo il corridoio e fino in cucina.

"Ora cosa facciamo?", chiese un drago.

"Prepariamo una torta", suggerì un elfo golosone.

"Sì, dai!", gridarono gli altri elfi, tirando fuori una terrina. Tutti si misero a caccia di ingredienti.

"Farina, uova, zucchero...", elencò il primo elfo, mescolando con la bacchetta magica. "Cos'altro si mette in una torta?"

"Uvetta", suggerì il genio, versandone un intero vasetto nella terrina.

"E questo?", chiese il folletto, agitando in aria un altro contenitore. "Eccì! Oh, no, è pepe".

"Formaggio", squittirono in coro i topini. "Facciamo una torta al formaggio!"

Così l'elfo aggiunse qualche fetta di formaggio. Poi rimestò l'impasto con aria dubbiosa.

"Non ha l'aspetto di una torta", commentò.

"Bisogna cuocerla", disse il drago. "Ci penso io".

Il drago soffiò fiamme ardenti sulla terrina
e un odore di formaggio bruciato si sparse nell'aria.
"Attenti, sta prendendo fuoco!", gridò l'orso bianco.
L'elfo indietreggiò, lasciando cadere la bacchetta magica
che, nell'urtare il pavimento, lanciò una scarica di incantesimi.
All'improvviso le sedie di cucina presero vita e si
scatenarono in un inseguimento intorno al tavolo. Pentole
e padelle cominciarono a sbattere fragorosamente e la
torta esplose in una pioggia di briciole.

Il baccano svegliò la fata della buonanotte, che saltò su e vide il libro aperto – e vuoto – accanto a lei.

"Oh, no! Che cosa succede?", gridò, precipitandosi in cucina. "Che disastro!", esclamò, afferrando la bacchetta. "Abracadabra, cadabra, cazum!". Ci fu un lampo di luce e una nuvola di fumo... e quando il fumo si dissipò, tutto era tornato in ordine.

I personaggi della fiaba tirarono un sospiro di sollievo.
"Ci hai salvato", dissero alla fata con gratitudine.
"Ma abbiamo perso la torta", aggiunse triste un elfo.
"Guarda meglio", rispose la fata sorridendo.
L'elfo tornò a guardare e si illuminò di gioia. Là sul tavolo c'era una bellissima torta con le ciliegine, soffice e invitante.
Dopo che tutti ne ebbero mangiata una fetta, la fata andò a prendere il libro delle fiabe e, uno alla volta, i personaggi ci si rituffarono dentro, rannicchiandosi comodi comodi tra le pagine del volume.

Poi l'orologio alla parete rintoccò.
"Cinque minuti all'ora della nanna. Devo sbrigarmi!", esclamò la fata, raggiungendo le fatine giusto in tempo.
"Siete pronte per la fiaba della buonanotte?", chiese loro, sedendosi ai piedi del letto.
"Sì", risposero in coro le fatine.
Così la fata della buonanotte aprì di nuovo il suo libro e cominciò a leggere...

# Gli elfi e il calzolaio

C'era una volta un calzolaio così povero che non poteva più nemmeno comprare il cuoio per le scarpe. Gliene era rimasto appena qualche misero avanzo.

"Basta giusto per un paio di ciabattine", pensò, e si mise a tagliare i pezzi. Voleva cominciare a cucirli insieme, ma crollava dalla stanchezza e dal sonno.

"È ora di andare a dormire", disse sua moglie, entrando con una candela in mano. "Le finirai domani".

La mattina dopo il calzolaio, ancora un po' insonnolito, scese di sotto e... meraviglia! Al posto dei pezzi di cuoio c'era un bel paio di ciabattine, tutte ben cucite e decorate con fiocchetti di raso. "Chi mai sarà stato?", si chiese stupefatto.

Il calzolaio vendette le ciabattine per una moneta d'oro, con cui comprò abbastanza cuoio per fare due paia di stivali. Ma di nuovo, come infilò l'ago, fu preso da un gran sonno.

"Li finirò domani", disse sbadigliando.

Ma la mattina, sul banco da lavoro, trovò due paia di magnifici stivali, perfettamente cuciti e rifiniti con fibbie di ottone lucente.

Andò avanti così per molto tempo. Ogni giorno il calzolaio comprava e tagliava il cuoio e ogni notte qualcuno cuciva scarpe e stivali magnifici.

Gli affari andavano a gonfie vele ora, ma il calzolaio e sua moglie volevano scoprire chi fosse ad aiutarli.

Una sera, dunque, invece di andare a dormire, si nascosero dietro una tenda e aspettarono.

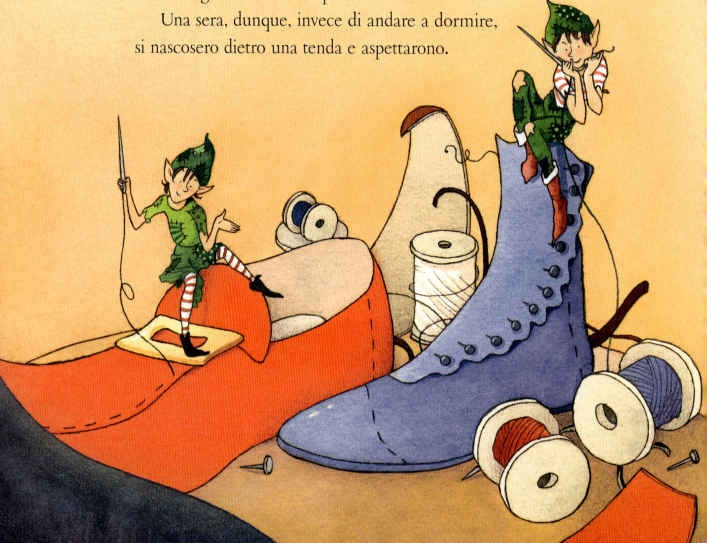

Verso mezzanotte arrivarono due minuscoli omini vestiti di stracci. Presero i pezzi di cuoio e cominciarono a cucire con quei loro ditini agilissimi e rapidissimi, finché non finirono un'intera fila di scarpe stupende. Poi se ne andarono.

"Elfi!", esclamò infine il calzolaio.

"Poverini", commentò la moglie. "Sono vestiti di stracci! Facciamogli dei bei vestiti, per ringraziarli dell'aiuto".

Il calzolaio acconsentì.

Quel giorno, invece di un normale paio di scarpe, il calzolaio fece due microscopiche paia di stivali e sua moglie cucì due abitini da elfi. La sera lasciarono tutto sul bancone e si nascosero di nuovo.

A mezzanotte arrivarono gli elfi e quando videro i loro bei vestiti nuovi saltarono di gioia. Se li misero subito e uscirono dalla bottega ballando e cantando...

*Così vestiti siam troppo carini per lavorare come ciabattini!*

Il calzolaio e la moglie li guardarono sorridendo.
Avevano perso i loro magici aiutanti, ma non erano tristi.
Ora avevano parecchi soldi per campare e fare altre scarpe.
E, grazie agli elfi, gli affari andavano a gonfie vele.

# La saggia Caterina

Due fratelli, Carlo e Gaspare, facevano pascolare i loro cavalli nello stesso campo. Carlo aveva una mansueta giumenta bruna e Gaspare un magnifico stallone castano.

Un giorno, mentre andavano a riprendere i cavalli insieme a Caterina, la figlia di Carlo, videro un piccolo puledro biondo accanto allo stallone.

"È mio", dichiarò subito Gaspare. "Guardate, il mio stallone ha avuto un puledro".

"Non essere ridicolo", rispose Carlo. "Gli stalloni non hanno puledri! Dev'essere della mia giumenta. E quindi è mio".

"Ma è insieme al mio stallone", insisté Gaspare.

I fratelli litigarono così tanto che persino il principe venne a sapere della loro disputa e decise di sistemare la faccenda proponendo loro tre indovinelli. "Chi mi dà la risposta migliore si prende il puledro", annunciò.

"Sono il più intelligente", pensò Gaspare. "Vinco io di sicuro".

Il viso di Carlo, invece, si fece lungo. "Come faccio?", mormorò. "Non sono bravo con gli indovinelli".

"Non ti preoccupare", lo rassicurò Caterina. "Ti aiuto io".

"Primo indovinello", cominciò il principe. "Qual è la cosa più veloce del mondo?"

"Facile", rispose Gaspare orgoglioso. "Il mio stallone!"

Alzandosi in punta di piedi, Caterina bisbigliò qualcosa all'orecchio del padre, e lui ripeté ad alta voce: "Ma nessun cavallo può superare il vento. Il vento è più veloce".

Il principe annuì pensoso. "Secondo indovinello. Qual è la cosa più pesante del mondo?"

"Il ferro", rispose subito Gaspare. "Prova a sollevarne un po'!"

Di nuovo, Caterina sussurrò la risposta e Carlo la ripeté: "Ma il suolo è più pesante, così pesante che nessuno lo può sollevare!"

Il principe rise. "Terzo e ultimo indovinello. Qual è la cosa più importante del mondo?"

Gaspare sbuffò. "Il denaro, naturalmente".

Caterina scosse il capo e bisbigliò qualcosa ancora una volta all'orecchio di Carlo e lui ripeté. "Il denaro può comprare molte cose, ma non può comprare un uomo onesto. Io dico che l'onestà è più importante".

A queste parole Gaspare arrossì, perché naturalmente sapeva che il puledro apparteneva al fratello.

Il principe sorrise. "Il puledro è tuo", disse a Carlo. "Puoi ringraziare tua figlia. Abbi cura di entrambi. Magari avessi io dei consiglieri bravi come Caterina!"

# Pollicino

La moglie di un contadino desiderava tanto un figlio.

"Mi accontenterei anche di un bimbo piccolissimo, magari non più grande del mio pollice", sospirò una volta.

Il giorno dopo, aprendo la finestra, vide un tulipano rosso che era spuntato durante la notte.

"Com'è successo?", si domandò, guardando il fiore. "Oh!", esclamò. Addormentato fra i petali scarlatti c'era un bimbo minuscolo, non più grande di un pollice. "Una fata ha esaudito il mio desiderio", pensò contenta la donna.

Sottovoce chiamò suo marito. "Guarda", gli sussurrò. "Lo chiameremo Pollicino".

I due contadini erano felici del loro piccolissimo bambino, anche se finiva spesso nei guai proprio perché era così piccolo.

Un giorno, la madre
di Pollicino stava preparando
un budino al cioccolato. Attratto
dal delizioso profumo, il bimbo cercò di
assaggiarlo, ma scivolò nel piatto. Quando la
madre si girò, vide l'intero budino che tremava.

"Aiuto", gridò. "Si muove!"

"No, mamma, sono io", esclamò Pollicino, sventolando
il braccio grondante di cioccolato. "Ma la voglia di budino
mi è passata per sempre".

La mamma lo tirò su con un cucchiaio e gli fece il bagno
in una tazzina. "Perché non vai a raccogliere qualche fragola
per cena?", gli disse, una volta che si era asciugato per bene.

Così Pollicino uscì. Aveva appena raccolto una bella fragola
succosa, quando arrivò in volo un uccello affamato. Un attimo
dopo Pollicino e la sua fragola si trovarono alti nel cielo.

"Mollami subito!", gridò il bimbo. L'uccello, spaventato,
lasciò la presa e Pollicino precipitò giù... splash! Era finito in
un fiume impetuoso in cui nuotavano pesci enormi. Un pesce
aprì la bocca e tutto si fece buio.

Quella sera il re dava un banchetto. Il piatto principale era un
grosso pesce arrosto e quando lo tagliarono saltò fuori Pollicino.

"Santo cielo", esclamò il re. "Tu chi sei?"

"E che cosa ci fai nella mia cena?"

Pollicino glielo spiegò: "... il pesce fu poi catturato da un pescatore, ed eccomi qui", concluse.

Il re sorrise. "Sei molto coraggioso", disse a Pollicino. "Ti voglio nominare cavaliere". Gli diede un ago per spada e un topolino per cavallo. "D'ora in poi sarai conosciuto come Cavalier Pollicino".

Gli ospiti applaudirono e il banchetto riprese ma, all'improvviso, una damigella strillò: "Un ratto!". Tutti i presenti, terrorizzati, salirono sulle sedie.

Pollicino impugnò l'ago e saltò in groppa al suo topo. Il ratto aveva dei malefici occhietti gialli e lunghi denti aguzzi, ma Pollicino non aveva paura.

"All'attacco!", gridò e si lanciò al galoppo brandendo la spada.

Il ratto squittì e fuggì via.

Tutti esultarono. "Urrà per Cavalier Pollicino!"

Ma Pollicino sapeva di non poter fare il cavaliere per sempre. "I miei genitori saranno in pensiero", disse. "Devo tornare a casa".

Il re annuì. "Voglio farti un regalo di addio", disse mostrando a Pollicino uno scrigno colmo di tesori. "Prendi tutto ciò che riesci a portarti via!"

Il bimbo guardò incantato gli ori e i gioielli che luccicavano... ma erano tutti troppo pesanti. Poi, in mezzo ai mucchi di monete, notò un piccolo soldino d'argento.

"Prendo quello", disse. "Grazie!"

Era già sera inoltrata quando finalmente Pollicino raggiunse la fattoria, e i suoi genitori furono felici di rivederlo sano e salvo.

"Ma dove sei stato, Pollicino?", gli chiesero quando ebbero finito di abbracciarlo.

"Ho avuto un'avventura", rispose lui. "Ho incontrato il re e ho fatto fortuna", disse orgoglioso tirando fuori la moneta d'argento.

"Ma è bello essere di nuovo a casa", aggiunse, soffocando uno sbadiglio. "È stata una lunga giornata ed è ora di andare a dormire".

# Il pescatore e il genio

C'era una volta un giovane pescatore che viveva vicino a un lago. Ogni mattina andava sulla riva a gettare la rete e ogni sera tornava a casa con una cesta colma di grossi pesci.

Una mattina, però, quando ritirò la rete, vi trovò solo qualche sasso, una manciata di conchiglie e una vecchia bottiglia di vetro resa opaca dal tempo.

"Pesa un quintale", borbottò, tirandola fuori dalla rete.

"Chissà cosa c'è dentro".

La scosse, ma non sentì alcun rumore. Tolse il tappo e l'annusò, ma non aveva odore. La rovesciò, ma non venne fuori nulla. "È vuota", concluse, gettandola nella sabbia.

All'improvviso dalla bottiglia cominciò a uscire del fumo.

Il pescatore tornò indietro allarmato. Il fumo si alzò e si addensò in una grossa nuvola ribollente.

"Un genio!", gridò il pescatore sbalordito mentre il fumo prendeva la forma di un volto minaccioso.

"Sì", tuonò il genio. "Ah, finalmente libero. E ora voglio qualcosa da mettere sotto i denti... comincerò da te!"

"No, ti prego!", implorò il pescatore mentre due mani enormi si allungavano verso di lui. "In fondo io ti ho liberato. Non dovresti dunque ringraziarmi?"

"Ma figurati", ruggì il genio. "Ho troppa fame dopo la lunga prigionia in quella bottiglia".

Il pescatore cercò di pensare in fretta. "È impossibile che un genio grande e grosso come te fosse rinchiuso in una bottiglia così piccola", disse.

"Metti in dubbio la mia parola?", brontolò il genio.

"Non capisco come tu ci sia entrato", continuò il pescatore. "Sei così grande e potente... Non ci credo finché non lo vedo!"

"E allora guarda, sciocco", scattò il genio, infilandosi di nuovo dentro la bottiglia.

Non appena fu scomparso l'ultimo filo di fumo, il pescatore rimise velocemente il tappo.

"E qui rimarrai", disse alla bottiglia, "finché non imparerai a dire grazie!"

# La stella dei desideri

Ogni sera, prima di andare a dormire, Lucia guardava il cielo e sussurrava:

*"Stella stellina*
*che brilli nei cieli,*
*fa' che il mio desiderio*
*stanotte s'avveri".*

E ogni sera il suo desiderio era lo stesso: visitare le stelle nel cielo. "Sono così belle", sospirava.

Ma le notti passavano e il suo desiderio non si avverava. Così un giorno Lucia decise di cercare le stelle da sola.

Cammina e cammina, giunse a un ruscello.
"Buongiorno", disse Lucia. "Cerco le stelle del cielo. Le hai viste?"

"Oh, sì", gorgogliò il ruscello. "Brillano sul mio fondale la notte. Sguazza nell'acqua e le troverai".

Lucia si tolse le scarpe ed entrò nel ruscello, ma trovò soltanto sassi. Tornata a riva, si asciugò i piedi e proseguì.

Cammina e cammina, giunse a un laghetto.
"Buongiorno", disse Lucia. "Cerco le stelle del cielo. Le hai viste?"

"Oh, sì", gorgogliò il laghetto. "Brillano sulla mia superficie la notte. Prova a pescare e le troverai".

Così Lucia prese un lungo ramo e si mise a pescare.

Ma tirò su solo un vecchio scarpone.

Si stava ormai facendo buio. Lucia era molto stanca ma continuò a camminare finché non raggiunse un prato pieno di piccole creaturine danzanti. Erano così carine e luminose che per un attimo pensò di aver trovato le stelle. Ma poi vide che avevano le ali e capì che erano fate.

"Buonasera", disse Lucia. "Cerco le stelle del cielo. Le avete viste?"

"Ma certo", risposero le fate. "Brillano nell'erba qui di notte. Danza con noi e le incontrerai".

Così Lucia danzò con le fate e dimenticò la stanchezza.

Danzò e danzò, ma di stelle nemmeno l'ombra.

Allora si sedette e scoppiò in lacrime.

"Non piangere", dissero le fatine. "Se vuoi raggiungere le stelle ti indicheremo la strada. Chiedi a Quattrozampe di portarti da Senzazampe, e chiedi a Senzazampe di portarti alla Scala senza Gradini."

Così Lucia si rimise in marcia. Poco dopo incontrò un cavallo bianco con gli zoccoli d'argento.
"Sei Quattrozampe?", chiese Lucia. "Cerco le stelle del cielo. Puoi portarmi da Senzazampe?"
"Sì", nitrì il cavallo. "Monta su".
Galopparono sulla terra finché non giunsero al mare. Lontano nel cielo brillava un arcobaleno. Lucia si guardò intorno e vide un pesce dalla coda argentata.
"Senzazampe", disse Lucia. "Cerco le stelle del cielo. Mi porti alla Scala senza Gradini?"
"Sì", boccheggiò il pesce. "Monta su".
Attraversarono il mare, finché non raggiunsero l'arcobaleno.
"La Scala senza Gradini", pensò Lucia, e cominciò a salire.
Più saliva e più l'aria si faceva fredda. In cima, l'arcobaleno luccicava di brina. Lucia si guardò attorno incantata. Le stelle più luminose splendevano come diamanti. Quelle più piccole rifulgevano come perle.
"Benvenuta, ragazzina", tintinnarono le stelle con voce argentata. "Come ci hai trovato?"
E Lucia raccontò la sua storia.

All'improvviso alcune
stelle cominciarono a cadere,
lanciando gridolini.
"Presto, esprimi un desiderio", disse
una di loro sfrecciandole accanto.
"Chiedi un desiderio alla stella cadente!"
Stanca ma felice, Lucia sapeva
esattamente cosa chiedere. "Voglio essere
a casa nel mio bel letto caldo".
Aveva appena finito di pronunciare queste
parole che si ritrovò a scivolare giù dall'arcobaleno.
Prese sempre più velocità, finché tutto divenne sfuocato
e infine atterrò in un posto soffice, comodo e familiare. Era
tornata nel suo letto. Sorridendo, si rannicchiò sotto le coperte
e si addormentò, sognando tutta la notte le stelle.

# Il garzone del mugnaio e la sirena

C'era una volta un povero garzone di mugnaio che viveva presso il fiume. Un giorno, mentre tagliava le canne, inciampò e... splash! Il suo coltello sparì nell'acqua torbida e profonda. "Come lo ritrovo ora?", si domandò.

"Ti aiuto io", disse una voce melodiosa. Il ragazzo alzò lo sguardo e restò senza fiato. Una sirena dai lunghi capelli fluenti era apparsa nel fiume. La sirena si tuffò e ritornò in superficie con un coltello d'oro massiccio.

Il garzone lo guardò con desiderio, ma sapeva che non era suo. "Purtroppo non è il mio", ammise.

La sirena tornò sott'acqua e riemerse con un coltello d'argento lucente. Il garzone lo guardò ammirato, ma...

"Neanche quello è il mio", sospirò.

Infine la sirena si rituffò e tornò a galla con un vecchio coltello di ferro arrugginito. "Sì, è questo!", gridò lui. "Grazie".

"Una tale onestà va ricompensata", disse la sirena con un sorriso, e lasciò sulla riva, accanto al coltello di ferro, anche quello d'argento e quello d'oro, per poi scomparire sott'acqua con un colpo di coda.

Al vecchio mugnaio brillarono gli occhi quando vide i coltelli e seppe dal ragazzo come li aveva ottenuti. "Non sarebbe male guadagnarsi da vivere così", pensò. "Chissà..."

Prese il coltello di ferro e corse al fiume.

Splash! Il coltello scomparve nell'acqua.

"Come faccio a riprenderlo?", disse il mugnaio ad alta voce.

"Ti aiuto io", rispose la sirena apparendogli dinanzi. Si tuffò e ritornò con uno splendente coltello d'oro.

"Grazie al cielo, l'hai trovato", gridò l'avido mugnaio, sporgendosi per prenderlo.

"Non è bello mentire", lo rimproverò severa la sirena. "Sai bene che questo non è il tuo!". E svanì, lasciando il mugnaio a mani vuote.

"Avrei dovuto saperlo", disse triste al suo garzone. "È sempre meglio essere onesti".

# Il Signore dei Sogni

Era passata da un pezzo l'ora della nanna, ma Marco non riusciva a dormire. Era rannicchiato al calduccio sotto le coperte, con la luce spenta, ma non riusciva a chiudere occhio. Così, quando un piccolo vecchino entrò in punta di piedi nella stanza, Marco balzò subito sul letto.

"Chi sei?", gli chiese curioso.

L'uomo trasalì, e per la sorpresa lasciò cadere la borsa che portava con sé. Una nuvola di polvere d'oro scintillante si sparse sul pavimento.

"Ohimè!", gridò. Poi rivolto a Marco disse: "Mi chiamo Simone, sono il Signore dei Sogni".

"Il Signore dei Sogni!", esclamò sorpreso Marco. "Ho sentito parlare di te, ma non credevo che esistessi davvero. La mamma dice che spargi la polvere del sonno per riempire di storie i sogni, ed è per questo che ce l'ho ancora fra le ciglia la mattina".

"Sì", rispose Simone. "Avevo delle magnifiche storie per te, ma si sono rovesciate... povero me... come faccio ora?"

Marco ci pensò su. "Non puoi inventarti delle storie nuove?", suggerì.

Simone annuì, e poi schioccò le dita. "Posso fare di meglio", disse. "Te le posso mostrare!"

Simone puntò l'ombrello verso il vaso da fiori sul davanzale. Subito il fiore gettò lunghi germogli che si ispessirono in rami, finché sembrò che il letto di Marco si trovasse sotto un grosso albero dai fiori profumati.

In quel momento si sentì un rumore provenire dalla scrivania. Erano i compiti di Marco. Stava imparando a scrivere l'alfabeto, ma la sua grafia era ancora stentata e le lettere scivolavano e slittavano da tutte le parti.

"Non riusciamo a stare in piedi", brontolavano.

"Ci hai fatto tutte storte".

"Allora bisogna cancellarvi", minacciò Simone severo.

"No, no!", gridarono le lettere e si misero tutte belle dritte.

Simone puntò l'ombrello verso il quadro alla parete. Rappresentava un veliero d'argento su un rilucente mare azzurro, ma ora le vele si gonfiavano al vento e lo scafo dondolava fra le onde. Simone sollevò Marco e lo tirò dentro la cornice, sotto i caldi raggi del sole.

Il vascello passò accanto a isole verdeggianti, dove soldatini di plastica facevano la guardia a castelli incantati. Le principesse salutavano Marco dalla finestra e i soldatini scattavano sull'attenti.

Uno stormo di uccelli marini passò sopra di loro, cinguettando. Con grande stupore Marco scoprì che riusciva a capirli.

"Seguici", cantavano, "vieni a vedere il mondo. Scopri isole deserte dove i pirati nascondono tesori nella sabbia, fai amicizia con le scimmiette nel folto della giungla e guarda i delfini giocare a rincorrersi nell'oceano..."

"Oh, sì", gridò Marco. Ma sul più bello, Simone schioccò le dita e lo riportò nella sua cameretta.

"Non possiamo far tardi al matrimonio", disse Simone.

"Che matrimonio?", chiese Marco.

"Quello dei topini, naturalmente", rispose Simone.

Con un tocco dell'ombrello, Simone rimpiccioli Marco fino a fargli raggiungere le dimensioni di un topo, e insieme si infilarono in un buchetto nel battiscopa.

Dall'altra parte c'era un salone ornato di ragnatele luccicanti, dove danzavano famiglie di topi. Quando fu l'ora del banchetto Simone disse che dovevano andare. "Puah!", mormorò. "Non sopporto quello che mangiano: croste di formaggio e cotiche".

Come rientrarono nella stanza di Marco, l'orologio rintoccò un quarto alla mezzanotte.

"Che ora è?", chiese Simone.

"È quasi domani", sbadigliò Marco, infilandosi nel letto.

"Allora devo scappare", annunciò Simone. "Prima che venga mattina devo assicurarmi che le stelle siano andate a letto e che il sole sia pronto a splendere...". E, con una piroetta dell'ombrello, scomparve nel nulla.

Ma Marco non lo vide andare via. Dormiva già profondamente e sognava di navigare sul suo veliero d'argento, approdando su isole stracolme dei tesori nascosti dai pirati.

# La luna e le fate

Un tempo, nel Regno delle fate, le notti non erano mai completamente buie, ma erano rischiarate da una speciale lanterna luminosa che le fate chiamavano "luna". La luna era appesa in cima all'albero più alto del regno, e ogni giorno il guardiano della luna saliva su a pulirla, in modo che la sua luce non si affievolisse mai.

Ma un giorno, dopo che il guardiano se n'era andato, il ramo che teneva la luna si spezzò. La luna rotolò via e scomparve dentro una profonda buca.

Quella notte, dopo che il sole era tramontato, il cielo divenne nero come la pece. Non vedendoci niente, le fatine inciampavano nei funghi e gli elfi andavano a sbattere contro i nani.

Sottoterra, le cose andavano ancora peggio. La luna era caduta in una caverna piena di troll. A loro piaceva vivere al buio e l'improvviso chiarore della luna li aveva abbagliati. Camminavano a tentoni, urtando di qua e di là e facendo un gran baccano.

Le fatine andarono in volo a cercare il guardiano della luna. "Fai qualcosa", lo implorarono. "Abbiamo bisogno della luna!"

"La troverò", promise lui. "Non può essere andata lontano". E, prendendo in prestito una candela, si mise coraggiosamente in marcia nel buio.

Cercò ovunque, dietro ogni ramo e ogni cespuglio, ma della luna nemmeno l'ombra.

"E ora cosa faccio?", gemette.

Con un fruscio di ali, un gufo gli atterrò accanto. "Non ti scoraggiare", ululò saggiamente. "Se non riesci a trovare la luna sopra la terra, devi andarla a cercare sotto".

Il guardiano della luna cercò dappertutto, esplorando cunicoli, grotte e caverne, finché finalmente vide una forma luminosa dall'aspetto familiare. "Eccola", sospirò.

"È tua questa cosa?", berciarono i troll. "Portatela via, per favore! Ci fa male agli occhi".

Come il guardiano della luna riemerse in superficie, ci fu uno scroscio di applausi. "La luna è tornata!". "Il guardiano ha ritrovato la luna!". Elfi e nani danzavano di gioia, mentre le fatine gli svolazzavano intorno riconoscenti.

Ma il guardiano era ancora preoccupato. "Immagino che la luna debba tornare sull'albero", disse. "Ma se un ramo dovesse spezzarsi di nuovo?"

"Ho un'idea migliore", ululò il gufo. "Saltami in groppa e tieniti forte". Poi spiegò le ali e si alzò in volo nella notte. Il guardiano osservò col fiato sospeso il Regno delle fate che si stendeva sotto di loro.

Insieme, appesero la luna alla volta del cielo e la sua serena luce argentea tornò a rischiarare la terra, mentre le caverne dei troll erano di nuovo buie e silenziose. Allora, in tutto il Regno delle fate, elfi, gnomi e fatine sbadigliarono, si stiracchiarono e andarono a dormire.

# Il drago di ghiaccio

Una sera d'inverno, Giorgio e Giulia erano in giardino, dove ardeva un bel falò. Si vedevano altri fuochi in lontananza, ma avevano misteriosi riflessi rosa, verdi e azzurri.

"Come sono belli", sospirò Giulia, fissando l'orizzonte con sguardo sognante. "Cosa sono?"

"È l'aurora boreale, credo", rispose Giorgio.

"Andiamo a scoprirlo", propose Giulia.

I due bambini si misero in marcia. Intanto si faceva sempre più freddo e presto si trovarono a camminare nella neve, dove notarono lepri e volpi artiche.

"E quello è un orso polare, ne sono certa", esclamò Giulia.

Poco dopo arrivarono a una strada come non ne avevano mai viste. Era lastricata di ghiaccio e costeggiata da alberi brinati. Un lungo filo di raggi di luna e stelle era appeso ai rami degli alberi per illuminare la via, e un cartello fatto di neve argentata diceva:

"Di qua per il Polo Nord".

"Andiamo", disse Giorgio. Scivolarono e slittarono lungo la strada finché, a un tratto, sentirono qualcuno che li chiamava.

"Ehi, voi. Fermatevi!". Era un cacciatore con un fucile che stava accanto a un'oca tutta tremante. "Avete delle pallottole?", chiese.

"No", rispose Giorgio. "Solo una fionda. Perché?"

"Voglio sparare a quest'oca delle nevi", rispose il cacciatore.

"Oh, no", dissero in coro Giorgio e Giulia. "Non ti aiuteremo a farlo!". E l'oca gliene fu molto grata.

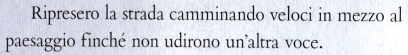

Ripresero la strada camminando veloci in mezzo al paesaggio finché non udirono un'altra voce.

"Ehi, voi. Fermatevi!". Questa volta era un uomo con un retino per farfalle. "Potete prestarmi un ago?", chiese.

"No, ma ti posso dare uno spillo", rispose Giulia sganciandosi la spilla dal bavero. "A cosa ti serve?"

"A spillare questa tarma artica", rispose l'uomo indicando il retino. Giorgio e Giulia si guardarono.

Poi, mentre Giorgio gli spiegava che non lo avrebbero aiutato, Giulia di nascosto aprì il retino e liberò la tarma, che le fu molto riconoscente.

Giorgio e Giulia ripresero il cammino finché all'improvviso la strada finì e i ragazzi ruzzolarono nella neve fresca. Sopra di loro torreggiava una colonna di ghiaccio con fuochi rosa, verdi e azzurri che bruciavano tutto intorno.

"Il Polo Nord", ansimò Giorgio.

"L'aurora boreale", sussurrò Giulia.

Ma c'era anche qualcos'altro, qualcosa fatto di ghiaccio vetroso, con un freddo cuore blu.

"Che strana forma", commentò Giorgio. "Sembra un drago. Guarda, lì c'è la coda".

"Sì, e quelle sono le ali", concordò Giulia.

"Sai, penso che sia davvero un drago", esclamò Giorgio. "Un drago congelato!"

In quel momento apparvero dei goblin pelosi che trasportavano fascine di legna da ardere. "Terremo il fuoco acceso finché il drago non si sgela", ridacchiarono. "Quando tornerà in vita mangerà tutti gli uomini e il mondo sarà nostro!"

Uno dei goblin si accorse di Giorgio e Giulia. "Spie!", urlò. "Presto, catturateli!". Delle mani pelose afferrarono Giorgio e Giulia e li legarono alla colonna di ghiaccio.

"Presto il drago vi mangerà", sghignazzò un goblin.

"Se non congeliamo prima", rispose Giorgio preoccupato.

Ma proprio allora passò in volo uno stormo di oche, guidate dall'oca che avevano salvato. Ognuna lasciò cadere una piuma finché Giorgio e Giulia non furono coperti da una calda coltre.

Un attimo dopo l'aria si riempì di tarme, capitanate da quella che avevano liberato. I goblin gridarono e scapparono via, perché le tarme mangiano la pelliccia e loro erano ricoperti di pelo.

Le tarme e le oche si lanciarono all'inseguimento.

"Ehi, prima slegateci..." gridò Giorgio. Ma era troppo tardi, gli animali se n'erano andati. Tutto quello starnazzare e svolazzare aveva spento i fuochi, e così era molto buio e faceva sempre più freddo. Giorgio e Giulia tremavano.

"Cosa facciamo?", chiese Giulia, cercando di sembrare coraggiosa.

A un tratto si sentì un grosso
CRACK
Era il drago!

I goblin si erano sbagliati: quello era un drago di ghiaccio che tornava in vita solo quando faceva freddissimo. Ora che il fuoco era spento, si stava svegliando.

Nel rimettersi in piedi, il drago spezzò la corda che legava Giorgio e Giulia. "Presto", disse Giorgio. "Penso che sia diretto alla strada. Saltiamo su".

Così salirono in groppa al drago, arrampicandosi su per la coda, ma lui nemmeno se ne accorse.

Giorgio aveva ragione. Poco dopo slittavano di nuovo lungo la strada ghiacciata. Il drago correva veloce e si fermò solo per divorare due uomini dallo sguardo torvo che portavano un fucile e un retino. Sì, perché ai draghi ogni tanto piace mangiare le persone. Ma Giorgio e Giulia erano al sicuro sulla sua groppa.

Alla fine scivolarono sotto una palizzata e attraverso una siepe, e si ritrovarono nel loro giardino.

Il falò ardeva più luminoso che mai e, prima ancora di rendersene conto, il drago si era completamente sciolto, lasciando Giorgio e Giulia seduti in una pozzanghera.

"Che avventura!", sospirò Giulia alzandosi barcollante. Poi sbadigliò. "Ma è stata una lunga nottata".

"Forza, rientriamo in casa", disse Giorgio.

"È ora di andare a letto".

# Lo schiaccianoci magico

Era la vigilia di Natale e fuori nevicava. Clara, insieme al fratellino Franz, aspettava impaziente alla finestra l'arrivo di suo padrino.

Il padrino di Clara era un giocattolaio, ma i suoi giocattoli non erano come quelli degli altri. Erano intagliati e dipinti magnificamente e facevano tante cose. I suoi soldatini di latta marciavano davvero avanti e indietro e le bambole camminavano e parlavano. E ora stava arrivando con i regali di Natale!

Finalmente si udirono dei passi nell'ingresso e un uomo alto entrò nella stanza, scrollandosi la neve dal cappotto.

"Buon Natale, padrino!", gridò Clara.

"Buon Natale!", rispose lui porgendo ai bimbi due pacchetti. Il dono per Franz era un meraviglioso castello di legno, mentre quello per Clara era un pupazzo di legno in uniforme da soldato.

"In realtà è uno schiaccianoci", spiegò il padrino, tirando fuori una manciata di noci. Clara scelse una nocciola. Il guscio si spaccò netto in due – cric-crac. Ma lei per poco non fece cadere il pupazzo dalla sorpresa.

"C... credo che mi abbia fatto l'occhiolino", sussurrò.

Franz lo guardò. "Fammi provare", disse scegliendo la noce più grande. Cric-SNAP! La noce era troppo grossa e lo schiaccianoci si ruppe. Clara si imbronciò.

"Domani te lo riparo", le promise il padrino.

"Ma adesso è l'ora della nanna..."

Franz corse a lavarsi i denti, mentre Clara riponeva i nuovi doni nel baule dei giocattoli. All'improvviso le parve di sentire un leggero scalpiccio, come di centinaia di piedini.

Poi si udì un forte squittio: "Largo al re dei topi!". E comparve un grasso topo impettito con la corona d'oro, seguito da un esercito di topi.

Clara, atterrita, si appiattì contro il baule. Con suo stupore, lo schiaccianoci saltò in piedi accanto a lei, completamente aggiustato.

"Tornate nelle vostre tane, topi!", gridò. Ma i topi continuavano ad avanzare. Lo schiaccianoci si accigliò. "Giocattoli, alla riscossa!", comandò coraggioso.

Sotto gli occhi stupefatti di Clara i giocattoli saltarono fuori dal baule e cominciarono a inseguire i topi.

Ma a quel punto, il re dei topi sollevò la spada... Clara capì che stava per colpire lo schiaccianoci.

"Oh, no!", esclamò. Si tolse la pantofola e gliela scagliò contro, buttandogli a terra la corona. Il re dei topi allora si diede alla fuga, seguito dal suo esercito.

Lo schiaccianoci si rivolse a Clara: "Mi hai salvato la vita", disse con un inchino. "Ti ringrazio. Vuoi venire con me a celebrare la vittoria nel Paese dei giocattoli?"

Clara annuì e cominciò a rimpicciolire a vista d'occhio. Dietro il baule dei giocattoli era ora comparsa una scala. Clara seguì lo schiaccianoci e si ritrovò in un prato scintillante di fiori di zucchero. I due continuarono a camminare, attraverso foreste in cui scimmie di pezza si arrampicavano su alberi di leccalecca, finché non giunsero a un fiume di spumeggiante limonata.

Un cigno argentato li aspettava per trasportarli sull'altra riva, in un paese interamente costruito di dolciumi. I muri erano di panpepato e i tetti di cioccolata, mentre le strade erano ricoperte di confetti.

Clara annusò l'aria deliziata.

Bambole sorridenti uscivano dalle case a salutarli mentre passavano. Lo schiaccianoci portò Clara in un elegante palazzo di marzapane, dove si rimpinzarono di dolci e mele caramellate. Poi alcune bambole si misero a danzare, volteggiando e piroettando sul pavimento di marzapane.

Clara si sentiva troppo piena per ballare. Sbadigliò assonnata e chiuse gli occhi; quando li riaprì era di nuovo nel suo letto ed era già mattina.

"È stato solo un sogno?", si chiese balzando giù e precipitandosi al baule dei giocattoli. "Ahi!" Aveva pestato una minuscola corona d'oro.

Lo schiaccianoci era sullo scaffale, completamente riparato. E a Clara parve proprio di vederlo ammiccare.

# L'oro delle fate

Una sera, un sarto e un orafo stavano passeggiando quando udirono della musica. Incuriositi, seguirono la melodia e trovarono una folla di esserini alati che danzavano in cerchio.

"Sono fate!", esclamò il sarto.

Le fate li invitarono a unirsi nella danza. Così i due ballarono e danzarono finché caddero a terra sfiniti.

Un folletto con la barba bianca li salutò con un cenno e offrì a ciascuno un pezzo di carbone.

"Che strano", mormorò l'orafo, ma non rifiutava mai un dono e il sarto, dal canto suo, non voleva essere maleducato. Così ringraziarono il folletto e si misero il carbone in tasca.

Poi, esausti dalle danze, si rannicchiarono avvolti nei loro soprabiti e si addormentarono sotto le stelle lucenti.

All'alba le fate non c'erano più. Il sarto e l'orafo si svegliarono sentendo il peso di qualcosa che avevano nella giacca. Si misero la mano in tasca e tirarono fuori ciascuno un grosso pezzo di metallo lucente. Il carbone del vecchio folletto era diventato oro massiccio!

"Che fortuna! Ora potrò sposare la mia innamorata", esclamò felice il sarto, correndo via. "Tu non vieni?", gridò all'orafo che era rimasto indietro.

L'uomo scosse il capo. "Un'altra pepita così e sarò l'uomo più ricco del paese!", rispose. "Io rimango qui".

Al tramonto le fate ricomparvero. L'orafo si unì alle danze, come prima. E, come prima, il folletto con la barba bianca gli diede un pezzo di carbone.

L'orafo andò a dormire sognando ricchezze e, quando si svegliò controllò impaziente le tasche.

Con sua grande delusione, le dita riemersero nere e polverose.

"Noooo", mugolò, rovesciando freneticamente le tasche. Non contenevano altro che carbone.

Così l'avido orafo aveva perso la sua fortuna e passò anche tutto l'inverno al freddo, poiché si rifiutava di bruciare il carbone, nella speranza che si trasformasse in oro.

Il sarto e la sua innamorata, invece, vissero da allora in poi felici e contenti.

# I sette soli

Molto tempo fa, in Cina, regnava una gran confusione. La gente andava a dormire a qualunque ora del giorno, o non andava a dormire per niente perché, come tramontava il sole, un altro sole – o due o tre – sorgeva e prendeva il suo posto. Non c'era mai buio e faceva troppo caldo.

In tutto, c'erano sette soli che si incrociavano nel cielo. Quando splendevano due soli, le coltivazioni dei campi si inaridivano. Se ardevano tre soli, i davanzali diventavano così roventi che ci si poteva cuocere il pane. E quando in cielo c'erano quattro soli, la gente doveva spruzzare acqua sui tetti perché non prendessero fuoco.

La gente brontolava e si lamentava,
ma nessuno aveva il coraggio di farci niente.
Nessuno, cioè, a parte Ling.
Ling era tre volte più forte di un uomo normale
e nove volte più coraggioso. Ed era deciso a risolvere la
questione dei soli. Così salì sulla collina più alta e aspettò.
Non appena un sole rotolò sopra di lui, Ling fece un balzo
e lo tirò giù. "Preso!". Si era ustionato le dita, ma c'era un
sole di meno nel cielo.
Poi passò un altro sole e Ling saltò di nuovo. Ma, mentre
lo afferrava, il primo sole gli sfuggì di mano. "Accidenti!"
Poi sorse un terzo sole. Ling saltò, ma il
secondo sole gli scappò via.
E andò avanti così.

Per quanto Ling facesse, i soli continuavano a sfuggirgli. Dopo qualche ora era completamente esausto.

"È inutile", mormorò accasciandosi a terra. "Mi serve un piano migliore". Un mucchio di pietre attirò la sua attenzione. "Mmm, mi è venuta un'idea".

Ling prese un grosso sacco, lo riempì di sassi, e aspettò che arrivasse il prossimo sole. Questa volta, come lo ebbe preso, lo tenne fermo e ci rovesciò sopra i sassi, seppellendolo in modo che non potesse scappare. Poi tornò a riempire il sacco e ripeté il procedimento.

Così catturò sole dopo sole e nessuno riuscì a liberarsi. Con ogni sole che seppelliva, il cielo si faceva più scuro e l'aria più fresca. In tutto, seppellì sei soli, ma era così stanco che perse il conto.

Per molto tempo Ling non vide altri soli, ma si teneva pronto con i sassi. All'improvviso, un raggio spuntò da dietro una nuvola.

"Eccone un altro", gridò. "Si era nascosto".

Con sua sorpresa il sole parlò. "Ti prego, Ling, non farmi del male! Sono l'unico sole rimasto nel cielo".

Ling si strofinò pensieroso il mento. "Be', un sole ci serve", ammise. "Ma devi promettermi di fare il bravo. Ogni mattina devi sorgere come si deve e illuminare per bene il cielo. E ogni sera devi andare buono a letto. La gente ha bisogno della tua luce, ma deve anche dormire!"

"Te lo prometto solennemente!", disse il sole, allontanandosi in fretta prima che Ling cambiasse idea. E mantenendo la sua parola filò dritto a letto.

Come il sole calò dietro l'orizzonte, la prima notte si sparse nel cielo. Era fresca, gradevole e buia.

Ling sospirò felice e se ne andò a casa a dormire.

# L'inverno e la primavera

Un tempo, nell'antica Grecia, l'inverno non esisteva. Demetra, la dea del grano e dei raccolti, faceva splendere il sole tutto l'anno. Faceva crescere le messi e sbocciare i fiori... e nessuno amava i fiori più di sua figlia, Persefone.

Un pomeriggio, Persefone raccoglieva rose selvatiche quando vide un carro scuro trainato da quattro cavalli neri. Alle redini c'era Ade, il dio degli inferi e signore dei morti.
Ade viveva in un buio regno sotterraneo popolato di ombre, e rimase abbagliato alla vista di Persefone, i cui capelli rilucevano come oro ai raggi del sole.
Se ne innamorò subito. "Deve diventare la mia sposa", decise. "Ma come faccio a persuaderla?"

Ade si fece triste. Poi, a un tratto, spronò i cavalli al galoppo. Come raggiunsero la ragazza sbigottita, lui si sporse e la tirò sul carro.

I cavalli ripresero la corsa sfrenata. Poi, a un gesto di Ade, nel terreno si aprì un'enorme voragine. Il carro vi sprofondò dentro e la terra si richiuse con un boato di tuono. Dove prima c'era Persefone, alcuni petali di rosa caddero lievi sull'erba.

Per conquistarla, Ade mostrò a Persefone i tesori del suo regno. La portò attraverso campi di gigli e fiumi incantati, e le donò gemme estratte dalle profondità della terra. Ma con sua grande delusione, Persefone rimase impassibile. Era la figlia di una dea, e non era facile fare colpo su di lei.

"Come hai osato rapirmi?", lo aggredì la fanciulla per la centesima volta. "Mia madre sarà molto preoccupata".

"Almeno cerca di mangiare", la implorò lui.

Le porse un piatto colmo di rosse melagrane. "Non ne hai mai assaggiate di così saporite. Sono molto più dolci di quelle che crescono sulla terra". Ade le sorrise, con un sorriso così soave che illuminò il buio. E lei, finalmente, rispose al sorriso. Sotto sotto, cominciava a trovarlo piuttosto attraente...

Persefone però aveva ragione sulla madre. Non vedendola tornare, Demetra entrò in grande agitazione.

La cercò ovunque, ma sua figlia era scomparsa
senza lasciare traccia. E allora il dolore di Demetra gelò
la terra. I suoi sospiri erano raffiche gelide e le sue lacrime
cadevano come pioggia di ghiaccio, creando il primo inverno.

Infine giunse notizia a Demetra che Ade aveva portato
Persefone nel regno degli inferi.

"Ade, eh?", strillò. "La vedremo!"
Demetra andò subito da Zeus, il re degli dei.

"Ade ha rapito mia figlia", sbraitò. "Devi fargliela restituire,
altrimenti creo un inverno infinito".

Nemmeno il potente Zeus poteva ignorare una minaccia così,
e mandò subito un messaggero a cercare Persefone.

Seduto sul trono, con Demetra al suo fianco, Zeus aspettò
che il messaggero tornasse con Persefone. Con sua sorpresa,
venne anche Ade. Persefone tremava nervosa e Ade le prese
delicatamente la mano.

Zeus scrutò attentamente la giovane coppia prima di parlare.
"Demetra rivuole indietro sua figlia... ma prima, Persefone, devo
sapere se hai mangiato qualcosa nel regno degli inferi. Se sì, la
legge esige che tu rimanga lì".

Persefone si morse le labbra. "Non ho mangiato niente", rispose.

"Eccetto...", e lanciò uno sguardo schivo a Demetra. "Eccetto
quattro semi di melagrana".

"È così poco!", esclamò Demetra. "Non conterà mica?"

Zeus guardò Persefone
e Ade che si tenevano ancora per mano.
"Temo di sì", rispose. "Per ogni seme, Persefone passerà un mese dell'anno nel regno degli inferi".

Ade e Persefone si sorrisero, ma Demetra si rabbuiò. "Allora, per quattro mesi l'anno, sulla terra ci sarà un rigido inverno", annunciò severa.

"D'accordo", decise Zeus.

Da allora, ogni anno Demetra piange la partenza della figlia facendo cadere le foglie e morire i fiori. Per tutto il tempo che Persefone è con Ade sottoterra, l'inverno gela il mondo. Ma quando ritorna, Demetra la festeggia con il sole e la primavera. Così le stagioni cambiano, Ade e la sua giovane sposa sono contenti e Zeus guarda dall'alto sorridendo.

# Rip Van Winkle

Rip Van Winkle viveva ai piedi dei maestosi monti Catskills. La gente raccontava strane leggende su quei monti, storie di spiriti e fantasmi. Ma Rip non ci faceva caso. Adorava i Catskills e passava intere giornate passeggiando sui pendii... invece di lavorare nei campi.

La moglie di Rip era furibonda con lui. "Scansafatiche!", lo rimproverava sempre. "Mi dici che cosa mangeremo se non pianti il grano?"

Rip non sapeva cosa rispondere, scrollava le spalle e se ne tornava sui monti. Più la moglie lo sgridava, e più lui stava via – e più lui stava via, più lei lo sgridava.

Un bel pomeriggio di sole, Rip sonnecchiava straiato sul prato in montagna quando udì una voce.

"Rip," lo chiamò la voce. "Rip Van Winkle!"

Rip si girò e vide uno strano tizio che si inerpicava fra le rocce. Era basso e tarchiato, con la barba brizzolata e dei bizzarri vestiti antiquati. Cercava di trasportare una grossa botte di legno e sembrava aver bisogno di aiuto. Rip si precipitò a dargli una mano.

Afferrò un'estremità della botte e l'uomo, senza proferire parola, si avviò verso la montagna. I due trasportarono la botte sempre più in alto, su per un ripido sentiero sassoso. In lontananza, Rip udì un boato come di tuono, che diventava sempre più forte.

Infine giunsero a un valico fra le rocce. L'uomo ci passò in mezzo, invitando Rip a seguirlo. Dall'altra parte si stendeva una valle, e nella valle c'era un'intera folla di gente vestita all'antica.

"Chi sono?", chiese Rip curioso.

Ma il suo compagno non rispose.

Dapprima nessuno notò i nuovi arrivati. Erano tutti troppo impegnati a far rotolare grossi massi contro una fila di pietre erette. Le pietre, rombando, si schiantavano a terra, e il fragore echeggiava come un tuono in tutta la vallata. Pian piano, Rip capì cosa stava succedendo.

"Giocano a birilli!", esclamò.

Il compagno di Rip aprì la botte e un dolce profumo mielato si sparse nell'aria. Allora i giocatori si fermarono e si voltarono a guardarli. Le loro labbra si muovevano ma non emettevano alcun suono. Rip deglutì. Ricordò le vecchie storie di fantasmi e le ginocchia cominciarono a tremargli.

Lo strano personaggio versò il contenuto della botte in tanti piccoli boccali e fece cenno a Rip di distribuirli. Nervosamente, Rip obbedì. I presenti tracannarono la loro bevanda in silenzio e tornarono a giocare.

Curioso, Rip si versò anche lui un boccale. Il primo sorso era proprio buono, così ne prese un altro... e un altro... e sbadigliò.

La bevanda gli aveva dato una gran sonnolenza.

"Mi faccio un pisolino", decise, sdraiandosi per terra.

Quando Rip si svegliò, era mattina.

"Ohi ohi, ho le ossa peste", si lamentò. "Devo aver dormito tutta la notte. Cosa dirà ora mia moglie?"

Si mise faticosamente in piedi e si guardò intorno. Non vide nessuno, solo dei massi muschiosi e un vecchio boccale di latta che cadeva a pezzi dalla ruggine.

"Che strano", mormorò. "È meglio che torni a casa... dov'è quel sentiero?"

Ma al posto del sentiero, trovò uno spumeggiante torrente di montagna. Si fece dunque strada lungo le sue sponde, cercando di non scivolare.

Come raggiunse la fattoria, Rip divenne sempre più perplesso. Tutto gli sembrava diverso.

"Stai bene, nonnino?", gli chiese un ragazzetto.

"A chi dai del nonnino?", si infuriò Rip. Ma poi vide il proprio riflesso su una finestra e le parole gli morirono sulle labbra. Aveva una barba lunga mezzo metro.

"Chissà cos'era quella bevanda", si chiese turbato. "Una lozione per far crescere i capelli?"

La facciata di casa sua era coperta di rose rampicanti. "Ma se le abbiamo piantate solo la settimana scorsa!", esclamò confuso. "Quanto tempo ho dormito?"

Una giovane graziosa era seduta in veranda. "La posso aiutare?", gli chiese gentilmente.

"N-non è la casa di Rip Van Winkle?", balbettò Rip.

"Rip Van Winkle era mio padre", rispose lei. "Ma è scomparso sulle montagne anni fa".

"Figliola?", disse Rip. "Sei tu?"

La giovane lo guardò meglio. "Papà!", gridò e con un balzo gli gettò le braccia al collo. "Pensavamo che te ne fossi andato per sempre... Mamma!"

Le grida della ragazza fecero accorrere la madre. Quando vide Rip, la donna rimase di sasso. "Oh, finalmente sei tornato", disse, ma sorrideva. Il tempo l'aveva addolcita.

"Ci sei mancato, vecchio furfante", aggiunse. "Dove sei stato?"

"Se te lo dicessi non ci crederesti", disse Rip ridendo. "Ma sono contento di essere a casa. E questa volta, prometto che rimarrò e che mi occuperò di voi. Con la montagna ho chiuso per sempre!"

# Il giorno infinito

Era quasi l'ora di andare a letto, ma William non aveva voglia di dormire. Voleva restare in piedi con il suo nuovo amico, Robin Goodfellow.

Robin non era come gli altri amici di William. Aveva orecchie appuntite e buffi vestiti, e viveva in fondo al giardino. Mostrava a William un sacco di trucchi magici: come leggere l'ora da un dente di leone, parlare agli uccelli, trovare tesori nascosti...

"Vorrei che questa giornata durasse per sempre", esclamò William, mentre la luce cominciava a calare. "Non voglio che venga mai la notte".

Robin ridacchiò. "Si può fare", disse.

Si allungò verso il cielo e tirò giù un filo scuro e lanoso. Tirò più forte.

Il filo si ispessì, finché Robin sembrò reggere uno sventolante drappo nero. Poi diede uno strattone secco e il telo cadde a terra, lasciando il cielo di un azzurro abbagliante.

"Ora vai dentro e guarda l'orologio", disse Robin.

Un po' confuso, William entrò in casa. Suo padre era nell'ingresso a fissare l'orologio. Ticchettava, ma le lancette non si muovevano.

"Dev'essere rotto", dichiarò l'uomo, grattandosi la testa. "Andremo a letto quando farà buio".

Ma non stava facendo buio.

"È stato Robin", dedusse William. "Ha portato via la notte". Sorrise e tornò fuori.

Robin e William ripresero a giocare.

Un po' più tardi, William soffocò uno
sbadiglio. Non voleva ammetterlo, ma era stanco.
E ancora non faceva buio.

Ora non sembrava più tanto divertente. Dopo un po', William
salutò l'amico e sgusciò dentro casa. Ma quando cercò di andare
a letto, il sole che filtrava attraverso le tende lo teneva sveglio.

Fuori sentiva un gufo che ululava contrariato.

"Troppa luce, uh, uh...", mugugnava.

"Uh, uh, chi ha tolto il buio?"

William si affacciò alla finestra.

"Mi dispiace, signor Gufo", lo chiamò. "Ho detto a
Robin che volevo che il giorno durasse per sempre, e lui
ha tolto il buio dal cielo!"

"Uhhhh che sciocco!", bubolò il gufo. "Devi chiedergli che
lo rimetta a posto!"

Così William andò in cerca di Robin, e lo trovò sotto un
albero che sgranocchiava una mela.

"Già di ritorno? Cosa vuoi fare ora?", chiese Robin.

"Niente, grazie", rispose William. "Ti prego, Robin, puoi
rimettere a posto il buio? C'è troppa luce per dormire".

"Avresti dovuto pensarci prima", disse Robin indispettito.
"Ho fatto tanta fatica e ora vuoi che lo rimetta a posto?"

William voleva ribattere, ma era così stanco che non
riusciva nemmeno a pensare. Cercò di trattenere
uno sbadiglio, ma non ci riuscì.

Gli sbadigli, come tutti sanno,
sono contagiosi.

Un attimo dopo anche Robin sbadigliò.

"Hai fatto venire sonno anche a me", brontolò.
"Devo farmi una dormitina. Mmm, forse hai ragione".

Tirò fuori dalla tasca una specie di fazzoletto scuro
e gli diede una scrollata.

Finalmente il buio si stese sopra la terra, coprendo
ogni cosa come una calda e soffice coltre. Sugli alberi,
il gufo ululò contento. William cascava dal sonno.

"È ora di dormire", sussurrò Robin dolcemente.
"Buonanotte!"

# L'acchiappasogni

Stava calando la notte e il piccolo Okemos era già al calduccio sotto le coperte, ma era ancora sveglio. Non voleva addormentarsi perché aveva paura di essere assalito dagli incubi.

"Devi dormire prima o poi", disse una vocina.

Okemos alzò lo sguardo e vide un ragno.

"Io ti posso aiutare", promise il ragno. "Niente sfugge alle mie tele! Tesserò una tela per acchiappare i brutti sogni, così potrai dormire tranquillo".

Okemos guardò il ragno che lavorava: compiva grandi cerchi, come il sole intorno alla terra. E poi andava avanti e indietro, dentro e fuori, finché non ebbe completato una magnifica tela che brillava e luccicava alla luce del focolare.

"Questa tela fermerà tutti gli incubi", promise il ragno.

"Cos'è quel buco?", disse Okemos indicando una piccola apertura nel mezzo.

"Quello è per far passare i sogni buoni", rispose il ragno.

"Ma non ho ancora finito..."

Il ragno corse via e tornò con alcune piume: due morbide piume di civetta e una grossa penna d'aquila.

Appese la penna d'aquila in fondo alla tela. "Ti renderà coraggioso come un'aquila", disse a Okemos.

E su ciascun lato legò le piume di civetta. "E saggio come una civetta", aggiunse.

Le piume penzolavano dalla tela, roteando e volteggiando a ogni refolo d'aria. Okemos le guardava sorridendo. Poi fece uno sbadiglio e infine si addormentò.

Tutta la notte fece dei bei sogni. Proprio come aveva promesso il ragno, non un solo incubo riuscì a sfuggire. I brutti sogni rimasero tutti intrappolati nella tela e quando il sole del mattino li toccò con la sua luce si dispersero nel nulla.

Quando Okemos si svegliò, la prima cosa che vide fu la ragnatela che brillava al sole e le piume che danzavano al vento.

# Eracle e le mele d'oro

Eracle era il più forte, audace e coraggioso guerriero di tutta l'antica Grecia. Aveva giurato obbedienza al re di Tirinto, ma la sua forza straordinaria preoccupava il sovrano il quale, per liberarsi di lui, continuava ad affidargli imprese impossibili.

Eracle aveva combattuto leoni feroci, mostri terribili e potenti guerrieri e, finora, aveva sempre vinto.

Ora il re cercò di pensare a una nuova sfida. "Ecco", esclamò. "Portami delle mele d'oro dall'albero degli dei!"

Persino Eracle rimase sconcertato. "Nessun uomo ha mai visto quell'albero", gridò. "Come faccio a trovarlo?"

"Fa parte del tuo compito", insisté il sovrano. "Ora va', e non tornare senza le mele".

Eracle si mise subito in cammino. Cercò ovunque, per tutta l'Asia, l'Africa, l'Arabia, ma non c'erano pomi d'oro da nessuna parte.

Infine, una ninfa dell'acqua provò pena per lui. "Solo un dio può dirti dove trovare l'albero", gli spiegò.

"Guarda: sulla riva c'è Nereo, un dio del mare, che dorme. Catturalo prima che si svegli e costringilo ad aiutarti".

Eracle si avvicinò in punta di piedi a Nereo e lo afferrò in una morsa d'acciaio. "Non ti lascio andare finché non mi dici come trovare le mele d'oro!", gridò.

Nereo si dibatté, ma Eracle era troppo forte. Allora il dio fece ricorso alla magia e, improvvisamente, Ercole si ritrovò fra le mani un pesce guizzante...

uno scivoloso serpente di mare...

un viscido polpo...

ma non mollò la presa.

Finalmente, il polpo furioso si ritrasformò nel dio Nereo. "D'accordo hai vinto tu", ringhiò stanco e irritato. "L'albero dei pomi d'oro cresce in un giardino su un'isola dell'estremo occidente. Ma non potrai cogliere le mele da solo: sono custodite da un drago che non dorme mai e dalle figlie del gigante Atlante. Dovrai persuadere Atlante ad aiutarti".

Così Eracle si recò alla grande montagna di Atlante. Il gigante era inginocchiato sul picco più alto e reggeva il peso del cielo sulle spalle.
"Mi aiuterai?", chiese Eracle dopo aver spiegato la sua situazione.
"Vorrei poterlo fare", rispose Atlante. "Ma nemmeno io posso eludere il drago. Ha cento teste che guardano in tutte le direzioni".
"Cento teste?", sbuffò Eracle.
"Sono abituato ai mostri! Dove si trova?"

Atlante indicò un'isoletta all'orizzonte. Strizzando gli occhi, Eracle riuscì a distinguere una specie di grosso serpente spaventoso avvolto intorno a un albero. "Vediamo cosa ne pensa di questo", mormorò, imbracciando il suo arco.

Zap! Scoccò dall'arco una singola freccia che solcò il cielo e si conficcò nel cuore del drago. Il mostro esalò un respiro e cadde a terra stecchito.

Eracle si voltò verso Atlante. "Ora mi aiuterai?"

"Lo farei", rispose di nuovo Atlante. "Ma se me ne vado, il cielo crollerà giù, a meno che tu non sia forte abbastanza per sostituirmi mentre colgo le mele".

Eracle gonfiò il petto. "Certo che ce la faccio", disse prendendo il suo posto.

"Ah, che piacere", sospirò Atlante, sollevato dal peso. Si sgranchì le gambe tutto contento e si diresse verso il mare.

Nonostante la sua immensa forza, Eracle si sentiva schiacciare dal peso del cielo. Con i muscoli tesi al massimo, guardò ansiosamente Atlante che raggiungeva l'isola. Al centro cresceva un albero rilucente di frutti d'oro, mente il drago era avvolto senza vita attorno al suo tronco.

Tre sorelle, belle come la stella della sera, si precipitarono a salutare Atlante, loro padre.

"Sono venuto a prendere qualche mela", disse Atlante. Le sorelle corsero all'albero magico e colsero ciascuna un pesante frutto d'oro. Poi, con lunghe falcate, Atlante tornò a casa.

"Finalmente", gracchiò Eracle, sudando sotto il suo fardello. "Ecco, riprenditi il cielo".

Ma Atlante rispose furbo: "È troppo pesante. Tienilo tu! Consegnerò io al re queste mele. Se le vuole così tanto, sono certo che mi ricompenserà".

Eracle pensò in fretta. "D'accordo", disse. "Ti meriti una pausa. Ma sto molto scomodo così. Potresti reggere il cielo per un attimo, mentre mi sistemo meglio?"

Atlante acconsentì. Ma come riprese il cielo, Eracle afferrò le mele e corse via.

"Torna indietro!", ruggì Atlante. "Mi hai imbrogliato!"

"Sei stato tu a cominciare", rise Ercole. "Io ti ho solo battuto al tuo stesso gioco".

Atlante era furioso, ma non poteva farci niente. Doveva continuare a reggere il cielo.

Quanto ad Eracle, tornò trionfante dal re e gli consegnò le mele fra gli applausi della folla, mentre gli dei sorridevano compiaciuti del suo successo. Tempo dopo, affinché le sue audaci imprese fossero ricordate per sempre, gli dei lo misero in mezzo alle stelle assieme al drago che aveva sconfitto, e tuttora si vedono brillare nel cielo.

# I tre desideri

Un tagliaboscaiolo viveva con la moglie nei pressi di una grande foresta. Un giorno vide una grossa quercia. "Ci ricaverò un bel guadagno", pensò sorridendo.

All'improvviso sentì una vocina. "Fermati!"
"Chi è che parla?", chiese lui, guardandosi in giro.
"Una fata", rispose la voce. "Vivo su quest'albero. Sono quassù!" Il taglialegna alzò lo sguardo e quasi perse l'equilibrio dalla sorpresa. Là, tra gli alberi, c'era una piccola figura alata. "Risparmia il mio albero", implorò la fata, "e io ti concederò tre desideri". Il taglialegna annuì e la fata sorrise.
"I tuoi desideri saranno esauditi. Mi raccomando, usali bene!"
Il taglialegna corse a casa raggiante immaginando tutte le cose che gli sarebbero piaciute.
"Una borsa piena d'oro, vestiti eleganti, una bella casa grande…"

"Cosa chiedo per primo?"

"Sei tornato presto", disse la moglie quando lo vide. "Ci vuole ancora un po' per la cena".

"Oh no, ho una fame!", si lamentò il taglialegna. "Vorrei una bella salsiccia". E – meraviglia delle meraviglie – una bella salsiccia profumata apparve sul tavolo.

La moglie lo fissò. "Come hai fatto?", chiese.

"I tre desideri", spiegò orgoglioso il taglialegna, e le raccontò della fata sull'albero.

"Idiota!", lo aggredì la moglie. "Potevi chiedere qualsiasi cosa e hai chiesto una salsiccia! Vorrei che quella stupida salsiccia ti si attaccasse al naso. Oh no, non dicevo sul serio", sospirò – ma era troppo tardi. La salsiccia ora penzolava untuosa dal naso del marito.

"Scusami", disse lei cercando di non ridere. Afferrò la salsiccia e le diede uno strattone.

"Ahi!", urlò il taglialegna.

"Non si stacca", ammise la donna. "Ma ci rimane ancora un desiderio. Cosa chiediamo? Potremmo essere ricchi, ma tu passeresti il resto della vita con una salsiccia al naso!"

"Che destino", mormorò lui infelice. "Non potrei mai più farmi vedere in giro".

La moglie annuì. "Allora desidero che la salsiccia ritorni sul tavolo", disse – e così fu. "Ecco lì i nostri tre desideri", sospirò.

"Ma almeno abbiamo una salsiccia per cena!"

# I dodici mesi

Maria e Zina erano sorelle, ma non avrebbero potuto avere caratteri più diversi. Per tutto l'inverno Zina non faceva altro che lamentarsi e lagnarsi. "Non sopporto la brutta stagione", brontolava. "Quanto mi piacerebbero delle violette... Maria, vedi se ne trovi qualcuna!"

Così la dolce Maria prese il mantello e uscì al freddo. Il vento ululava e il gelo le intirizziva le dita, ma lei continuò a cercare.

Dopo un po', raggiunse la cima di un colle dove un gruppo di persone si riscaldava al fuoco. Maria sbirciò attraverso il fumo. Erano dodici, tutti uomini.
Le fiamme scoppiettavano invitanti nell'aria gelida.
"Salve", disse lei gentilmente.
"Posso riscaldarmi al vostro fuoco?"
Gli uomini le fecero posto, e presto chiacchieravano tutti allegramente.
"Cosa fai fuori con questo tempo?" chiese uno di loro, di nome Marzo.

"Mia sorella mi ha mandato in cerca di violette", rispose Maria.

Marzo sorrise. "Ti aiuto io". Diede un colpetto al suolo e immediatamente saltò fuori un'aiuola di fiori viola.

"Grazie", gridò Maria stupefatta, e raccolse un mazzo di violette da portare a casa.

Ma a Zina i fiori non bastavano. "Ho fame", si lagnò. "Non puoi trovare delle fragole?"

Di nuovo, Maria prese il mantello.

Gli uomini erano ancora intorno al fuoco e si sorpresero nel rivederla così presto.

"Mia sorella vuole che le trovi delle fragole", spiegò lei.

"Allora hai bisogno di me", disse un uomo dai capelli biondi. "Sono Giugno". A un cenno della sua mano apparve un cespuglio di piante cariche di frutti. Maria lo ringraziò e tornò a casa con una manciata di frutti succosi.

Zina guardò disgustata le fragole. "Preferisco una mela!", sospirò. Così Maria uscì di nuovo.

"Rieccoti qui", dissero gli uomini ridendo. "Cosa c'è ora?"

"Per favore, mia sorella vorrebbe una mela".

Un uomo dagli occhi castani diede un colpetto a un albero, che immediatamente si ricoprì di foglie fruscianti e mele mature. "Un dono di Settembre", disse ammiccando.

Maria lo ringraziò e colse alcuni pomi da portare a casa.

"Tutto qui?", gridò avida Zina, quando Maria le mostrò le mele. "Avresti dovuto portarmene un sacco pieno!". Le strappò di dosso il mantello e uscì per prenderne altre.

Quando raggiunse il falò, si fece largo a spintonate. "Dove sono le mie mele?", chiese con prepotenza.

Gli uomini aggrottarono le ciglia. Poi Gennaio dai capelli di neve parlò. "Ti darò il dono che ti meriti", disse glaciale.

Batté le mani e subito si alzò una fredda tormenta.

Zina dovette correre a casa a mani vuote.

Ma Maria tornò spesso a visitare il falò sulla collina e ricevette sempre fiori freschi e frutta, perché tutti i dodici mesi erano diventati suoi grandi amici.

# L'albero delle pere magiche

Era giorno di mercato e le strade erano gremite di gente che comprava frutta e verdura. In un angolo c'era un carretto di legno carico di grosse pere dorate. Avevano un profumo dolce come il miele, ma il contadino che le vendeva era acido come un limone.

Un monaco vestito di stracci si fermò dal carretto e sorrise. "Potrei avere una pera, per favore?", chiese.

"Me la puoi pagare?", chiese secco il contadino. "Se no, vattene e non scocciarmi".

"Non ho soldi", rispose il monaco. "Ma tu hai così tante pere, non me ne potresti dare una?"

"Su, dagliene una", disse un uomo che vendeva tè lì vicino. Il contadino lo ignorò. Il venditore di tè guardò il gracile monaco, tirò fuori una moneta e comprò una pera.

Il monaco, affamato, mangiò il frutto succoso a grandi morsi, finché non rimase altro che una manciata di semi. "Grazie", disse al venditore di tè. "Sei stato molto gentile. Ora vorrei darti una delle MIE pere".

"Che pere?", chiese sorpreso il venditore di tè.

"Se hai le tue pere, perché mangi le mie?", brontolò il contadino.

"Mi servivano un po' di semi", rispose il monaco. Si chinò, scavò un buchetto e vi sparse dentro i semi. "Ora un po' d'acqua", aggiunse.

Il venditore di tè gli passò una teiera.

"State indietro", avvisò il monaco.

Come l'acqua bagnò i semi, spuntò un germoglio. In un attimo si ispessì in un tronco, gettando rami, ramoscelli e foglie. Poi comparvero dei boccioli che si aprirono e in un batter d'occhio si trasformarono in grosse pere dorate.

Il monaco raccolse i frutti profumati e li passò in giro. Ognuno al mercato ne ricevette uno, persino il contadino scorbutico. Quando le pere furono finite, il monaco prese in prestito un'accetta, abbatté l'albero e se ne andò via.

Grattandosi la testa, il contadino finalmente tornò dal suo carretto: era vuoto. Allora capì... "Altro che pere magiche. Erano le mie!", gridò. "Quel monaco è un ladro!"

Prese il suo carretto e cercò di inseguire il monaco, ma i manici gli rimasero in mano; erano stati tagliati con l'accetta.

Tutti intorno a lui scoppiarono a ridere.

"Forse la prossima volta sarai più disposto a condividere la tua buona sorte con gli altri", ridacchiò il venditore di tè.

# La zuppa di sasso

Sul calar della sera, un vecchio soldato che tornava a casa dal fronte fece sosta in un paesino. Aveva gli stivali consunti e la casacca stracciata, ma fischiettava contento come se non avesse un pensiero al mondo.

"Sono in cammino da giorni", disse. "Potete darmi un pasto e un letto per la notte?"

Gli abitanti del paese si scambiarono occhiate. Erano tempi duri e non volevano condividere il loro cibo con uno straniero.

"Puoi dormire nel mio fienile", offrì uno. "Ma temo che non abbiamo nulla da mangiare".

"Davvero?", esclamò il soldato infilando la mano in tasca. "Proprio niente? Allora è una fortuna che sia arrivato io! Darò da mangiare a tutti stasera – con questo". Aprì la mano e mostrò un sassetto rotondo.

"Un sasso?", risero i paesani. "Non puoi mica mangiarlo!"

"Ah, ma questo non è un sasso qualunque", spiegò il soldato. "Se lo si mette nell'acqua fa una zuppa deliziosa. Se volete ve lo dimostro. Mi serve solo una pentola piena d'acqua e della legna da ardere".

Era una richiesta facile da esaudire, e i paesani accettarono. Poco dopo una grossa pentola d'acqua bolliva allegramente sul fuoco scoppiettante.

Sotto gli occhi dei presenti il soldato aggiunse il sasso, mescolò e assaggiò la zuppa.

"Com'è?", chiesero curiosi.

"Mmm... niente male", rispose il soldato. "Ma è un tantino liquida. Per una buona zuppa di sasso servirebbe qualche patata, ma pazienza! Ci arrangeremo con quello che abbiamo".

"Um... Io ho qualche patata a casa", disse un uomo.

"Magnifico!", esultò il soldato. "Vedrete, non c'è niente di più buono di una zuppa di sasso con patate".

L'uomo portò le sue patate, il soldato le aggiunse alla zuppa e poi assaggiò di nuovo.

"Molto meglio!", dichiarò. "Anche se ci starebbe proprio bene una cipolla, o anche due. Ma fa lo stesso..."

"Io ho qualche cipolla", disse una donna timidamente.

"Fantastico!", esclamò il soldato. "Faremo una gran cena".

La donna portò le cipolle e il soldato le versò nella pentola. Poco dopo si sparse nell'aria un profumino delizioso.

Il soldato tornò ad assaggiare la zuppa.

"Buona", commentò. "Peccato che non ci sia del prosciutto. Nella migliore zuppa di sasso c'è sempre un po' di prosciutto".

"Io ne ho un pezzo", disse una donna, e corse a prenderlo.

Ormai avevano tutti una gran fame. Il soldato aggiunse il prosciutto e assaggiò di nuovo. "Mmm, ottima", sospirò. "Ancora un po' di verdura e sarebbe perfetta, ma non si può avere tutto!"

I rimanenti paesani si guardarono a vicenda imbarazzati. Poi, uno alla volta, si allontanarono e tornarono con quello che avevano: un mazzo di carote, un cavolo o una manciata di piselli.

Il soldato mescolò tutti gli ingredienti, finché la pentola non fu piena fino all'orlo di una densa zuppa profumata. Tutti guardarono col fiato sospeso il soldato che ne gustava un'altra cucchiaiata.

"Deliziosa!", dichiarò. "Assolutamente deliziosa. È la miglior zuppa di sasso che abbia mai mangiato".

Ed era vero.

"Chi avrebbe mai pensato che un sasso facesse una zuppa così buona?", si domandarono gli abitanti del paese, mangiando con appetito. "Dobbiamo rifarla".

Il soldato sorrise. "Potete tenervi il sasso", disse. "Ma ricordate la ricetta. Un po' da ciascuno non fa male a nessuno".

# Il volto della luna

Il sultano della Turchia possedeva molte cose rare e meravigliose, ma le più straordinarie erano le sue gigantesche api argentate. Ogni giorno, l'apicoltore del sultano portava le api al pascolo e ogni sera raccoglieva il loro prezioso miele dorato.

Ma un giorno una raffica di vento strappò via una delle api e la portò su, attraverso le nuvole, sempre più in alto, fin sulla luna.

"Oh no", gridò l'apicoltore, stringendo gli occhi per vederla. "Il sultano sarà furioso! Devo riportarla indietro. Ma come?". Si guardò intorno e vide dei fagioli. "Chissà...". Ne prese uno, lo piantò e lo annaffiò con un po' d'acqua.

Subito spuntò un rampicante, che si snodò su, attraverso le nuvole, sempre più in alto, finché non si attorcigliò intorno alla luna. L'apicoltore sorrise e cominciò a salire, attraverso le nuvole, sempre più su...

Infine si ritrovò in uno strano paesaggio lunare, pieno di rocce e crateri, tutto risplendente di luce argentata.

"Ma qui tutto sembra d'argento!", esclamò. "Spero di riuscire a trovare la mia ape".

Cercò in ogni cratere, finché alla fine sentì un leggero ronzio. Era l'ape, ben felice di vederlo.

L'apicoltore la riportò al rampicante. "Che avventura", sospirò. "Non vedo l'ora di raccontarla a tutti. Ma mi crederanno? Devo fare qualcosa per dimostrare che sono stato qui".

Ci pensò su un momento e poi disegnò la sua faccia nella polvere. "Chissà come si stupiranno di vedere un volto sulla luna", ridacchiò, aggrappandosi al rampicante e iniziando la lunga discesa.

Tornato a casa, l'apicoltore tornò a badare alle api, e da allora ebbe molta cura di evitare il vento, per non dover tornare sulla luna. Ma se guardate in su, in una notte chiara, potrete ancora vedere il disegno della sua faccia sulla luna.

# Il sole e il vento

Era una bellissima giornata di primavera, e il sole sorrideva luminoso, ma la gente tremava perché soffiava un vento gelato.

"Guardami!", ruggì il vento, scrollando le chiome degli alberi. "Sono forte, più forte di te, caro il mio sole".

"Davvero?", rispose il sole. "Non ne sarei sicuro... Ho un'idea! Facciamo una gara".

Guardò giù e vide un uomo che camminava imbacuccato in un pesante cappotto. "Vedi quell'uomo? Chi riesce a sfilargli il cappotto, vince".

"Ci sto", disse il vento sicuro di sé. "Guarda". Soffiò e sbuffò, finché all'uomo non volò via il cappello. "E ora il cappotto", annunciò il vento, soffiando ancora più forte. Il malcapitato vacillò, ma si tenne ben stretto il cappotto e continuò a camminare.

"Non si fa così", disse ridendo il sole. "Osserva". E mandò i suoi raggi sull'uomo, che sorrise mentre la luce dorata riscaldava l'aria. Intorno a lui i fiori si schiusero e gli uccellini presero a cantare. Un bottone alla volta, l'uomo aprì il cappotto sotto il sole raggiante. Faceva così caldo ora che incominciò a sentire sonno.

Con uno sbadiglio, l'uomo si tolse il cappotto e lo stese sull'erba, poi ci si sdraiò sopra e si addormentò, sognando l'arrivo dell'estate.

"Sai", sussurrò il sole al vento, "con la gentilezza si ottiene tutto".

# Il tappeto magico

La principessa Nura non sapeva cosa fare: tre principi volevano sposarla e lei non sapeva chi scegliere.

"Hasan è così bello", sospirò. "Ma Ahmed è così intelligente. E Alì sa come farmi ridere".

"Perché non ci lanci una sfida?", suggerì Ahmed.

"D'accordo", rispose la principessa. "Sposerò colui che mi porta il tesoro più raro!"

I principi si misero in cammino. Cercarono dappertutto, nei bazar affollati e nei negozi di antiquariato. Ma niente era speciale abbastanza. Un giorno, Alì incontrò una donna dagli occhi azzurri che gli diede un cannocchiale d'avorio. "Che cosa fa?", chiese lui.

"Ti mostra tutto quello che vuoi vedere", rispose la donna. Alì diede un'occhiata e vide la principessa Nura, più bella che mai. "Lo compro!", esclamò.

Poco dopo, Ahmed incontrò una donna dagli occhi azzurri che gli offrì una bella mela dolce. Aveva un magnifico profumo, ma Ahmed era incerto. "È solo una mela", sospirò. "Sì, ma il suo profumo cura ogni malattia", gli spiegò la donna. Ahmed la acquistò subito.

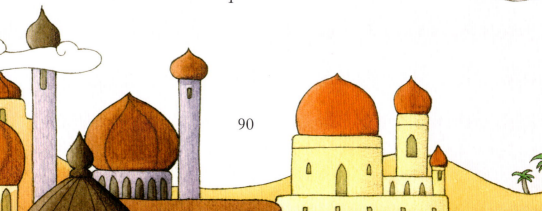

Hasan non aveva ancora trovato niente. Mentre curiosava per un mercato affollato, notò una donna dagli occhi azzurri che vendeva un tappeto. Il tappeto era vecchio e consunto, ma quando la donna gli sorrise, lui sentì un brivido lungo la schiena e decise di prenderlo comunque.

"Sei saggio", disse la donna mentre Hasan le porgeva il denaro. "Questo è un tappeto magico. Ti porterà dovunque tu voglia, sopra i mari e le montagne. Provalo!"

Hasan salì sul tappeto. "Su", comandò.
Il tappeto vibrò e si sollevò da terra. Hasan guardò i banchetti del mercato rimpicciolire rapidamente.
All'improvviso, vide Alì e Ahmed che correvano per strada, con aria preoccupata.
"Cosa c'è?", chiese, scendendo in picchiata.
Alì sventolò un cannocchiale d'avorio. "Ho visto Nura", gridò. "Si è ammalata!"

"Ma io posso curarla con questa mela", aggiunse Ahmed. "Se riusciamo ad arrivare in tempo".

"Non c'è problema", rispose Hasan. "Salite su!"

Il tappeto sfrecciò veloce nel cielo, verso le cupole luccicanti del palazzo reale. Dopo pochi minuti, i principi atterrarono accanto a Nura. Era terribilmente pallida, ma come annusò la mela, riprese colore in volto.

Nura fu molto colpita da tutti e tre i tesori. "Ma sono tutti egualmente fantastici", disse. "E così, non posso ancora decidere. Ci serve una nuova sfida. Ho trovato! Chi sa tirare più lontano?"

I principi presero i loro archi.

Cominciò Ahmed. La sua freccia andò lontano, ma quella di Alì la superò. Poi fu il turno di Hasan. La sua freccia fendette il cielo e... sparì.

"Ho vinto io!", esclamò Alì. Si voltò verso la principessa e le fece un inchino. "Mi concedi la tua mano?"

"Sì", rispose Nura, ridendo felice.

Ahmed fece per andarsene, quando vide un'altra ragazza.

Lei gli sorrise timida e lui si sentì battere il cuore. "È ancora più adorabile di Nura", pensò. "Chi sarà mai?"

"Ti presento mia sorella", disse Nura.

Ahmed rise. "Tutto si è concluso per il meglio", disse.

Ora Hasan era rimasto da solo. "Voglio scoprire dove è finita la mia freccia", pensò. Srotolò il tappeto e comandò: "Portami da lei!"

Poco dopo stava sorvolando un deserto dorato.

Poi vide dell'acqua. "Un'oasi!"

Il tappeto atterrò presso la pozza d'acqua. Alte palme e fiori profumatissimi crescevano tutto intorno. La donna dagli occhi azzurri era lì, e teneva in mano la sua freccia.

"Sei una fata?", le chiese Hasan.

"Sì", rispose lei. "Ti ho sottratto la freccia con la magia perché non potevo lasciarti vincere. Nura era innamorata di Alì".

"Meglio così", ammise Hasan. "È davvero bello rivederti". Arrossì e aggiunse: "Vorrei sposarti".

La fata sorrise. "Nulla mi renderebbe più lieta", gli rispose. "Ora possiamo tutti vivere felici e contenti, e questa è la più bella magia che esista".

# Le favole del libro

*La fata della buonanotte* è stata scritta apposta per questo libro, ma le altre fiabe si basano su racconti tradizionali di tutto il mondo. Qui troverai qualche informazione sulla loro origine.

*La luna e le fate* ∘ *L'oro delle fate* ∘ *Gli elfi e il calzolaio*
Sono antiche fiabe tedesche, messe per iscritto per la prima volta dai fratelli Jacob e Wilhelm Grimm ai primi dell'Ottocento.

*Il Signore dei Sogni*
Una favola di Hans Christian Andersen, lo scrittore danese di umili origini che fece fortuna scrivendo racconti.

*La stella dei desideri* ∘ *Pollicino* ∘ *I tre desideri*
Sono fiabe inglesi, raccolte da Joseph Jacobs.

*Il giorno infinito*
Una fiaba sul folletto Robin Goodfellow (noto anche come Puck) che si ispira al folklore inglese.

*Il sole e il vento* ∘ *Il garzone del mugnaio e la sirena*
Sono favole di Esopo, un ex schiavo vissuto nell'antica Grecia più di 2500 anni fa.

*Lo schiaccianoci magico*
Questa versione si basa sul racconto di Alexandre Dumas, uno scrittore francese del Novecento.

*Il drago di ghiaccio*
    È una fiaba basata su un racconto della scrittrice inglese E. Nesbit.

*Il pescatore e il genio* ◦ *Il tappeto magico*
    Tratte da *Le mille e una notte*, un'antica raccolta di novelle orientali.

*La zuppa di sasso*
    Un racconto dell'Europa orientale, noto anche come *La zuppa di chiodo*.

*Rip Van Winkle*
    Un racconto breve di uno scrittore americano, Washington Irving.

*Il volto della luna*
    Adattato da un libro di Rudolf Raspe, scienziato tedesco vissuto nel Settecento.

*L'inverno e la primavera* ◦ *Eracle e le mele d'oro*
    Sono rielaborazioni di miti greci.

*I sette soli* ◦ *L'albero delle pere magiche*
    Sono due storie tradizionali cinesi.

*La saggia Caterina*
    Un'antica fiaba greca.

*L'acchiappasogni*
    È una fiaba che si ispira alla mitologia degli Indiani d'America.

*I dodici mesi*
    È una fiaba tradizionale russa.

Manipolazione digitale di Nick Wakeford

Prima pubblicazione 2008 Usborne Publishing Ltd, 83-85 Saffron Hill, Londra
EC1N 8RT, Gran Bretagna. © 2008 Usborne Publishing Ltd.
© 2009 Usborne Publishing Ltd per l'edizione italiana.
Il nome Usborne e i simboli 💡 🎈 sono marchi di fabbrica dell'editore Usborne Publishing Ltd.
Tutti i diritti sono riservati. Sono vietate la riproduzione o la trasmissione in qualunque forma o con
ogni mezzo, sia elettronico che meccanico, con fotocopie o registrazioni, di qualsiasi parte di questa
pubblicazione senza il consenso dell'editore. Stampato negli Emirati Arabi Uniti.